AF218934

Impressum
Verlag: BABADADA GmbH, Nedderfeld 112 , 22529 Hamburg
Geschäftsführer / Verlagsleitung: Harald Hof
Druck: Books on Demand GmbH, In de Tarpen 42, 22848 Norderstedt

Imprint
Publisher: BABADADA GmbH, Nedderfeld 112 , 22529 Hamburg, Germany
Managing Director / Publishing direction: Harald Hof
Print: Books on Demand GmbH, In de Tarpen 42, 22848 Norderstedt

colegio
Schule

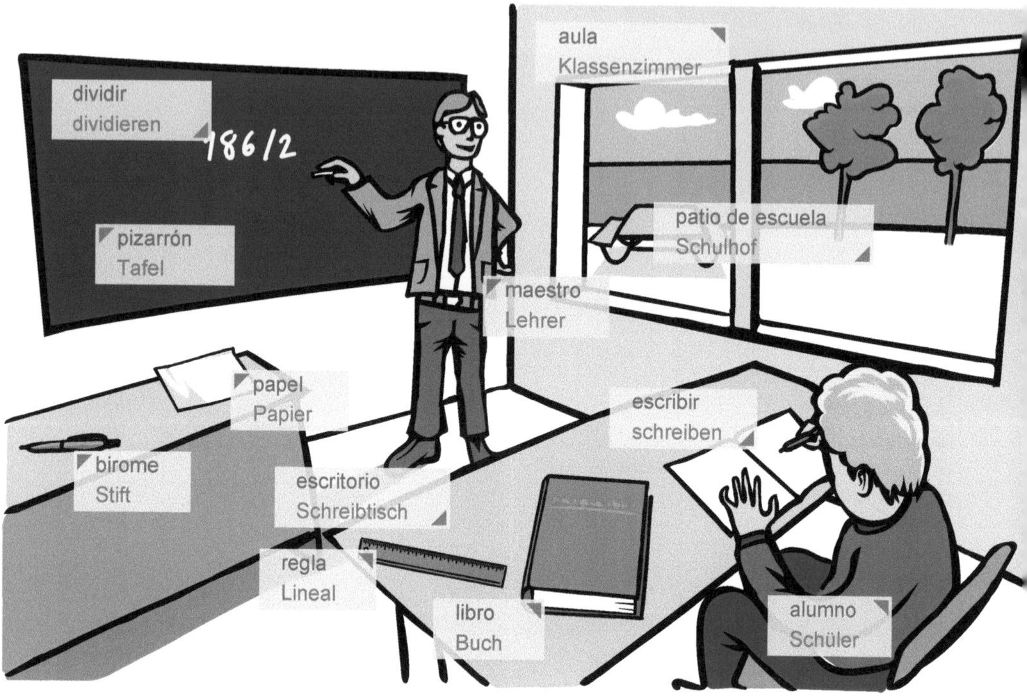
aula
Klassenzimmer
dividir
dividieren
186/2
pizarrón
Tafel
patio de escuela
Schulhof
maestro
Lehrer
papel
Papier
escribir
schreiben
birome
Stift
escritorio
Schreibtisch
regla
Lineal
libro
Buch
alumno
Schüler

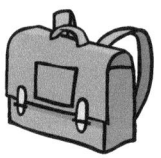

mochila

Ranzen

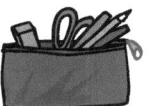

caja de lápices

Federmappe

lápiz

Bleistift

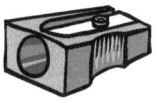

sacapuntas

Bleistiftanspitzer

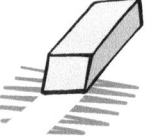

goma (de borrar)

Radiergummi

bloc de dibujo

Zeichenblock

dibujo

Zeichnung

pincel

Pinsel

caja de pinturas

Malkasten

tijera

Schere

pegamento

Klebstoff

cuaderno de ejercicios

Übungsheft

tarea

Hausaufgabe

número

Zahl

sumar

addieren

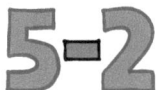

restar

subtrahieren

multiplicar

multiplizieren

calcular

rechnen

letra

Buchstabe

abecedario

Alphabet

palabra

Wort

texto

Text

leer

lesen

tiza

Kreide

lección

Stunde

cuaderno de clase

Klassenbuch

examen

Prüfung

certificado

Zeugnis

uniforme escolar

Schuluniform

educación

Ausbildung

enciclopedia

Lexikon

universidad

Universität

microscopio

Mikroskop

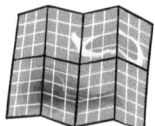

mapa

Karte

tacho (de basura)

Papierkorb

viaje
Reise

hotel
Hotel
Grand
hostel
Herberge
ROOMS
casa de cambio
Wechselstube
valija
Koffer
auto
Auto

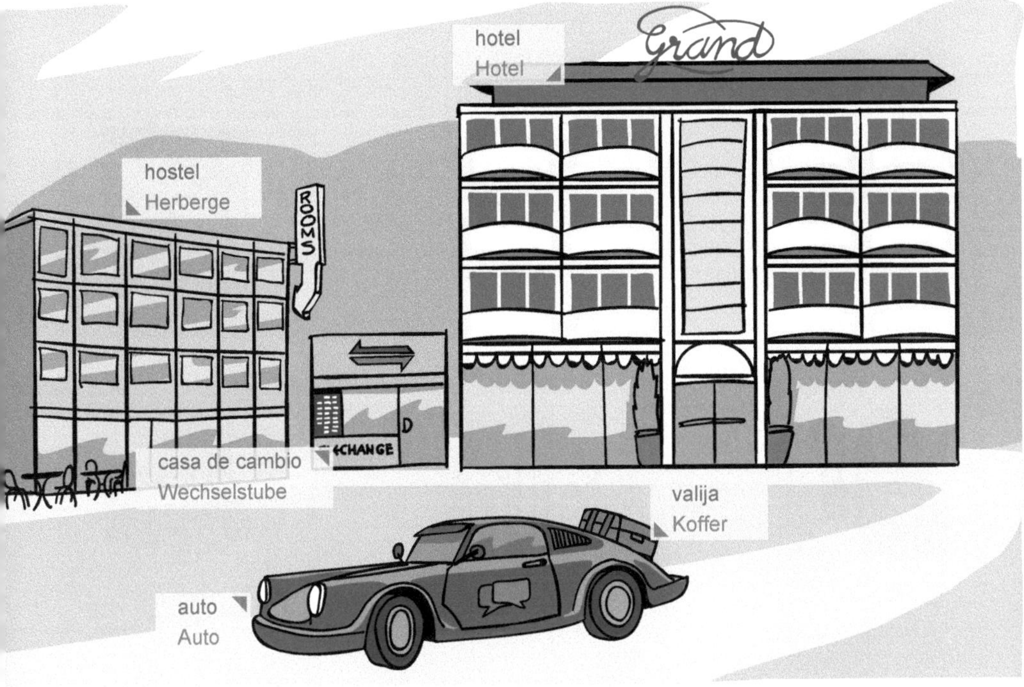

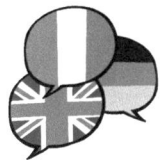

idioma

Sprache

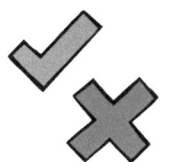

sí / no

ja / nein

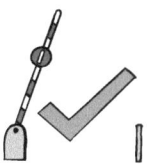

Está bien

Okay

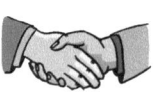

hola

Hallo

traductor

Übersetzer

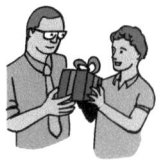

Gracias

Danke

¿cuánto cuesta...?

Was kostet...?

No entiendo

Ich verstehe nicht

problema

Problem

¡Buenas tardes!

Guten Abend!

¡Buenos días!

Guten Morgen!

¡Buenas noches!

Gute Nacht!

adiós

Auf Wiedersehen

dirección

Richtung

equipaje

Gepäck

bolso

Tasche

mochila

Rucksack

invitado

Gast

habitación

Zimmer

bolsa de dormir

Schlafsack

carpa

Zelt

información turística

Touristeninformation

playa

Strand

tarjeta de crédito

Kreditkarte

desayuno

Frühstück

almuerzo

Mittagessen

cena

Abendessen

pasaje

Fahrkarte

ascensor

Fahrstuhl

sello

Briefmarke

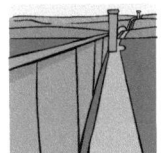

frontera

Grenze

aduana

Zoll

embajada

Botschaft

visa

Visum

pasaporte

Pass

transporte
Transport

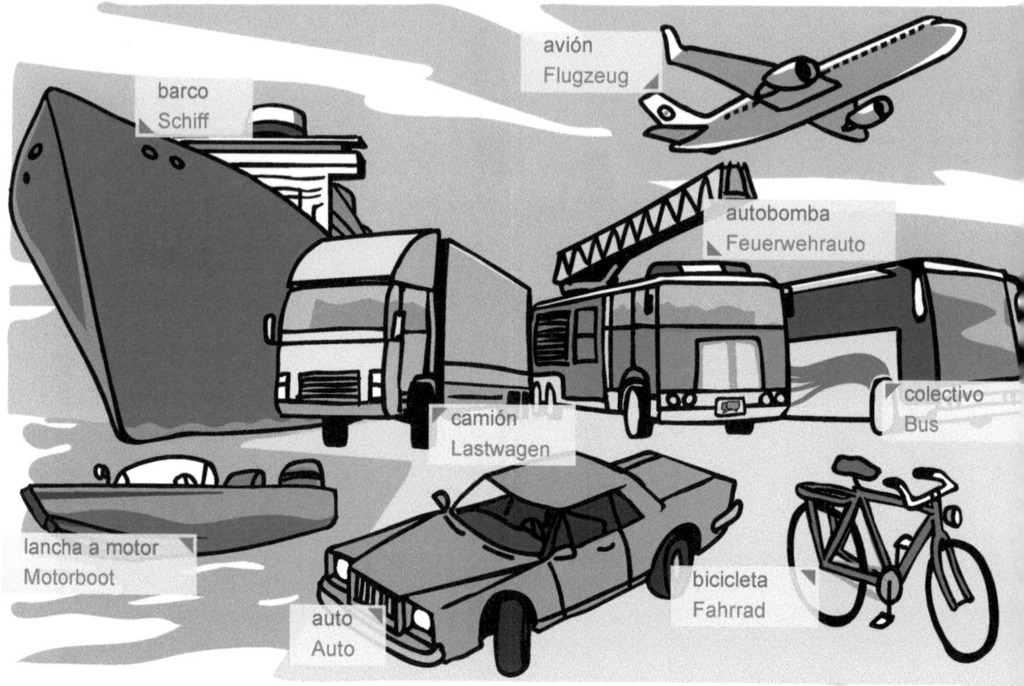

avión
Flugzeug
barco
Schiff
autobomba
Feuerwehrauto
colectivo
Bus
camión
Lastwagen
lancha a motor
Motorboot
bicicleta
Fahrrad
auto
Auto

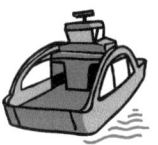

ferry
Fähre

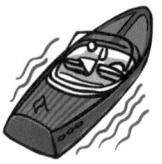

bote
Boot

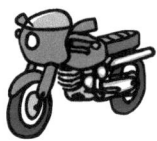

moto
Motorrad

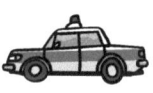

patrullero
Polizeiauto

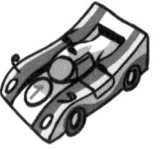

auto de carreras
Rennauto

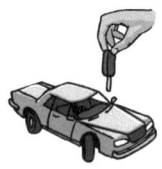

auto de alquiler
Mietwagen

alquiler de autos

Carsharing

grúa

Abschleppwagen

camión de basura

Müllauto

motor

Motor

nafta

Kraftstoff

estación de servicio

Tankstelle

señal de tránsito

Verkehrsschild

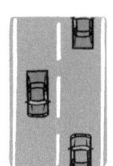

tránsito

Verkehr

embotellamiento

Stau

estacionamiento

Parkplatz

estación de tren

Bahnhof

vías

Schienen

tren

Zug

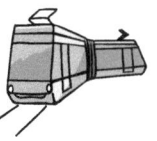

tranvía

Straßenbahn

vagón

Wagon

helicóptero

Helikopter

aeropuerto

Flughafen

torre

Tower

pasajero

Passagier

contenedor

Container

caja de cartón

Karton

carretilla

Karren

canasta

Korb

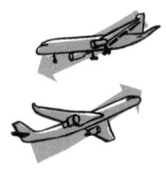

despegar / aterrizar

starten / landen

ciudad

Stadt

pueblo

Dorf

centro de ciudad

Stadtzentrum

casa

Haus

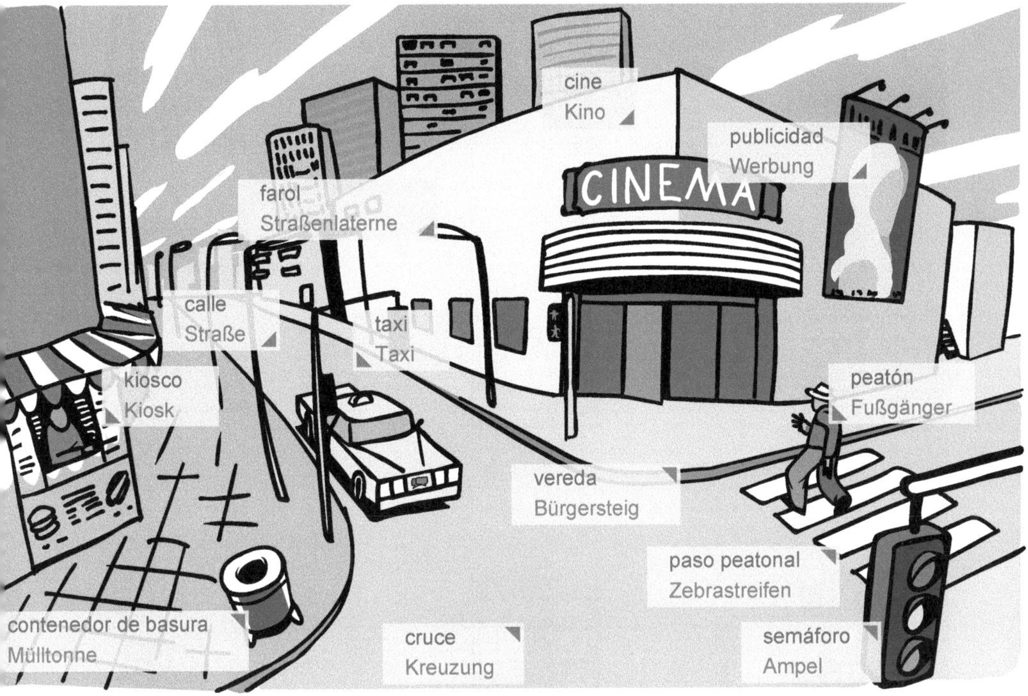

cine
Kino
publicidad
Werbung
CINEMA
farol
Straßenlaterne
calle
Straße
taxi
Taxi
kiosco
Kiosk
peatón
Fußgänger
vereda
Bürgersteig
paso peatonal
Zebrastreifen
contenedor de basura
Mülltonne
cruce
Kreuzung
semáforo
Ampel

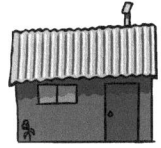

cabaña

Hütte

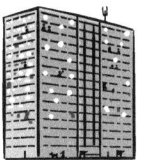

departamento

Wohnung

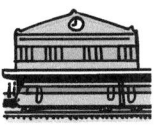

estación de tren

Bahnhof

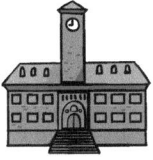

municipalidad

Rathaus

MUSEUM

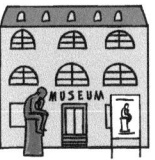

museo

Museum

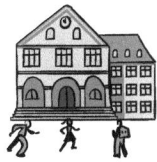

colegio

Schule

universidad

Universität

banco

Bank

hospital

Krankenhaus

hotel

Hotel

farmacia

Apotheke

oficina

Büro

librería

Buchhandlung

negocio

Geschäft

florería

Blumenladen

supermercado

Supermarkt

mercado

Markt

grandes tiendas

Kaufhaus

pescadería

Fischhändler

centro comercial

Einkaufszentrum

puerto

Hafen

parque
Park

banco
Bank

puente
Brücke

escaleras
Treppe

subte
U-Bahn

túnel
Tunnel

parada del colectivo
Bushaltestelle

bar
Bar

restaurante
Restaurant

buzón
Briefkasten

letrero
Straßenschild

parquímetro
Parkuhr

zoológico
Zoo

pileta
Badeanstalt

mezquita
Moschee

granja
Bauernhof

contaminación
Umweltverschmutzung

cementerio
Friedhof

iglesia
Kirche

juegos infantiles
Spielplatz

templo
Tempel

paisaje
Landschaft

hoja
Blatt

poste indicador
Wegweiser

camino
Weg

pradera
Wiese

piedra
Stein

árbol
Baum

excursionista
Wanderer

río
Fluss

hierba
Gras

flor
Blume

valle

Tal

montaña

Berg

lago

See

bosque

Wald

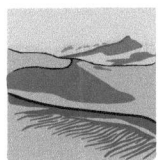

desierto

Wüste

volcán

Vulkan

castillo

Schloss

arco iris

Regenbogen

champiñón

Pilz

palmera

Palme

mosquito

Moskito

mosca

Fliege

hormiga

Ameise

abeja

Biene

araña

Spinne

paisaje - Landschaft   15

escarabajo

Käfer

rana

Frosch

ardilla

Eichhörnchen

erizo

Igel

liebre

Hase

lechuza

Eule

pájaro

Vogel

cisne

Schwan

jabalí

Wildschwein

ciervo

Hirsch

alce

Elch

presa

Staudamm

aerogenerador

Windrad

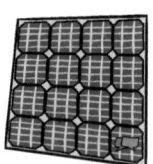

panel solar

Solarmodul

clima

Klima

restaurante
Restaurant

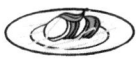

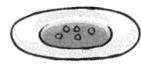

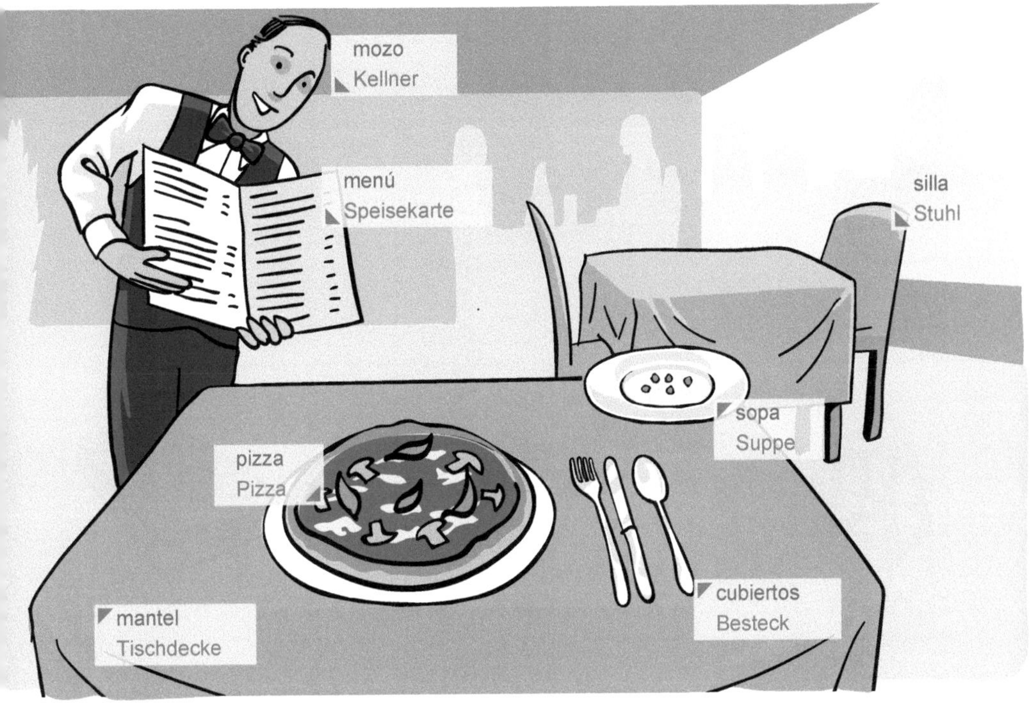

mozo
Kellner
menú
Speisekarte
silla
Stuhl
sopa
Suppe
pizza
Pizza
cubiertos
Besteck
mantel
Tischdecke

entrada

Vorspeise

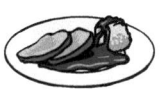

plato principal

Hauptgericht

postre

Nachspeise

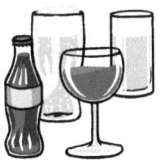

bebidas

Getränke

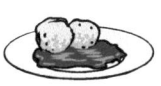

comida

Essen

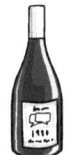

botella

Flasche

comida rápida

Fastfood

comida callejera

Streetfood

tetera

Teekanne

azucarera

Zuckerdose

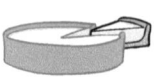

porción

Portion

cafetera expreso

Espressomaschine

sillita alta

Hochstuhl

cuenta

Rechnung

bandeja

Tablett

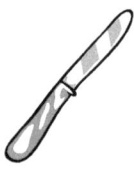

cuchillo

Messer

tenedor

Gabel

cuchara

Löffel

cucharita

Teelöffel

servilleta

Serviette

vaso

Glas

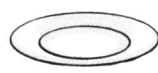

plato

Teller

plato hondo

Suppenteller

plato

Untertasse

salsa

Sauce

salero

Salzstreuer

molinillo de pimienta

Pfeffermühle

vinagre

Essig

aceite

Öl

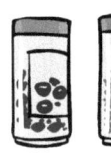

especias

Gewürze

kétchup

Ketchup

mostaza

Senf

mayonesa

Mayonnaise

supermercado
Supermarkt

oferta especial
Angebot
FOR
cliente
Kunde
lácteos
Milchprodukte
fruta
Obst
changuito
Einkaufswagen

BUTCHERS

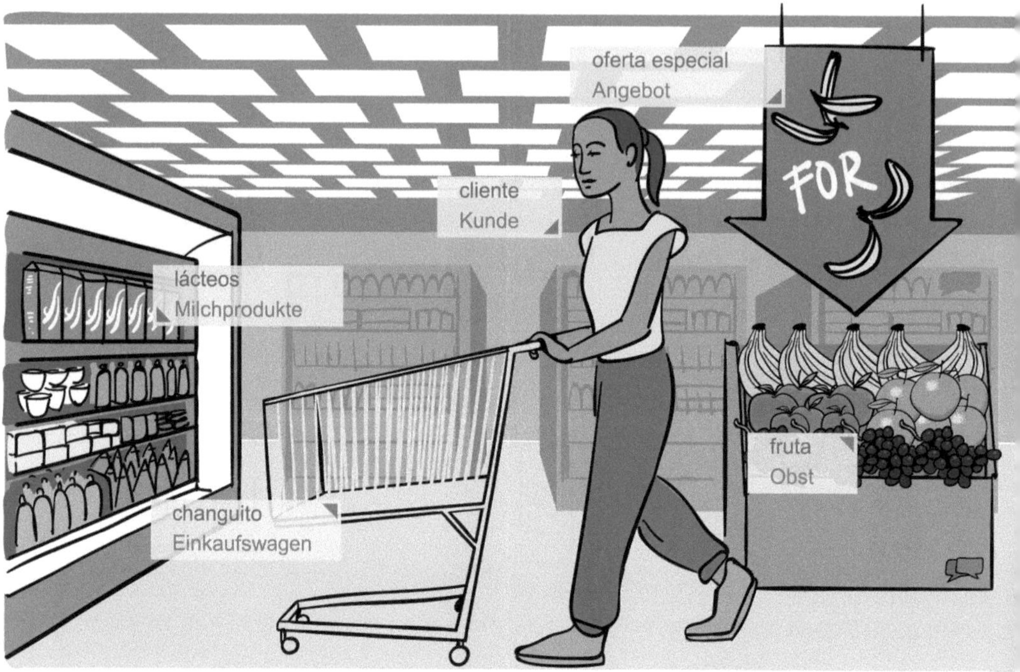

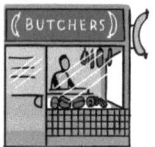

carnicería

Schlachterei

BAKERY

panadería

Bäckerei

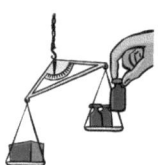

pesar

wiegen

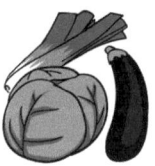

verduras

Gemüse

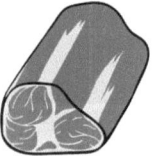

carne

Fleisch

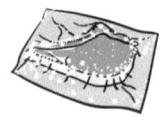

alimentos congelados

Tiefkühlkost

fiambres

Aufschnitt

alimentos enlatados

Konserven

detergente en polvo

Waschmittel

golosinas

Süßigkeiten

electrodomésticos

Haushaltsartikel

productos de limpieza

Reinigungsmittel

vendedora

Verkäuferin

caja

Kasse

cajero

Kassierer

lista de compras

Einkaufsliste

horario de atención

Öffnungszeiten

billetera

Brieftasche

tarjeta de crédito

Kreditkarte

cartera

Tasche

bolsa de plástico

Plastiktüte

agua

Wasser

jugo

Saft

leche

Milch

bebida cola

Cola

vino

Wein

cerveza

Bier

alcohol

Alkohol

cacao

Kakao

té

Tee

café

Kaffee

café expreso

Espresso

cappuccino

Cappuccino

banana

Banane

manzana

Apfel

naranja

Orange

melón

Melone

limón

Zitrone

zanahoria

Karotte

ajo

Knoblauch

bambú

Bambus

cebolla

Zwiebel

champiñón

Pilz

nueces

Nüsse

fideos

Nudeln

tallarines

Spaghetti

arroz

Reis

ensalada

Salat

papas fritas

Pommes frites

papas fritas

Bratkartoffeln

pizza

Pizza

hamburguesa

Hamburger

sándwich

Sandwich

churrasco

Schnitzel

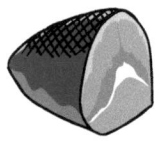

jamón

Schinken

salame

Salami

salchicha

Wurst

pollo

Huhn

asado

Braten

pescado

Fisch

copos de avena

Haferflocken

muesli

Müsli

copos de maíz

Cornflakes

harina

Mehl

medialuna

Croissant

pancito

Brötchen

pan

Brot

tostada

Toast

galletitas

Kekse

manteca

Butter

cuajada

Quark

torta

Kuchen

huevo

Ei

huevo frito

Spiegelei

queso

Käse

helado

Eiscreme

azúcar

Zucker

miel

Honig

mermelada

Marmelade

pasta de chocolate

Nougat-Creme

curry

Curry

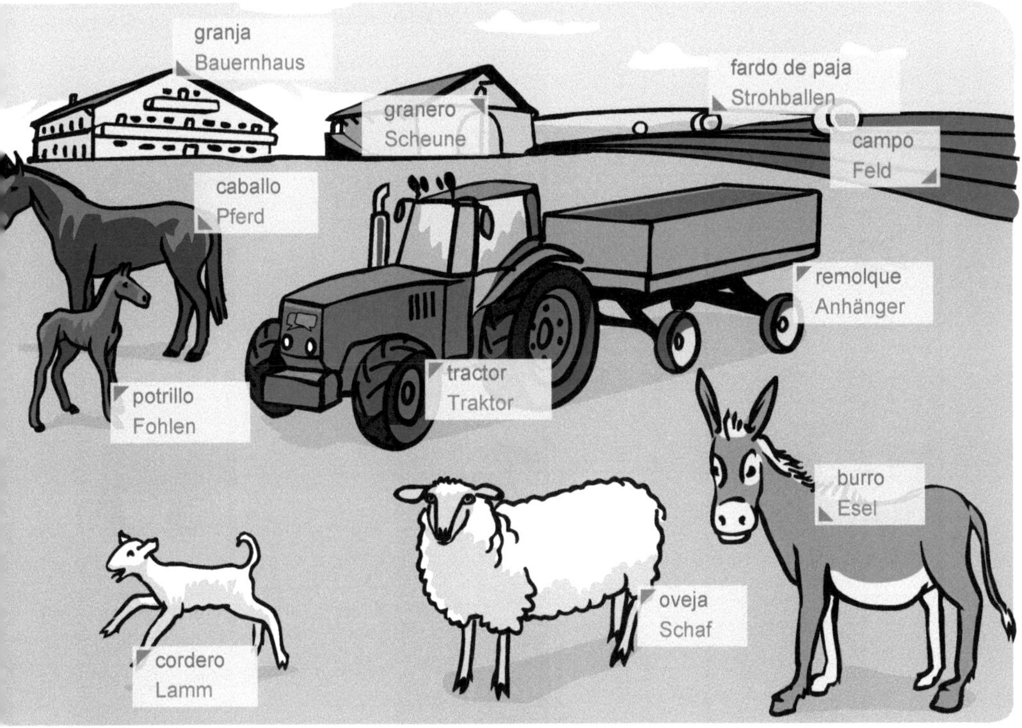

granja
Bauernhaus

granero
Scheune

fardo de paja
Strohballen

campo
Feld

caballo
Pferd

remolque
Anhänger

potrillo
Fohlen

tractor
Traktor

burro
Esel

cordero
Lamm

oveja
Schaf

cabra

Ziege

vaca

Kuh

ternero

Kalb

cerdo

Schwein

lechón

Ferkel

toro

Bulle

ganso

Gans

pato

Ente

pollo

Küken

gallina

Huhn

gallo

Hahn

rata

Ratte

gato

Katze

ratón

Maus

buey

Ochse

perro

Hund

cucha

Hundehütte

manguera

Gartenschlauch

regadera

Gießkanne

guadaña

Sense

arado

Pflug

hoz

Sichel

azada

Hacke

horquilla

Mistgabel

hacha

Axt

carretilla

Schubkarre

abrevadero

Trog

lechera

Milchkanne

bolsa

Sack

reja

Zaun

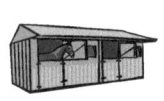

establo

Stall

invernadero

Treibhaus

suelo

Boden

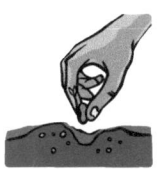

semilla

Saat

fertilizador

Dünger

cosechadora

Mähdrescher

granja - Bauernhof

cosechar

ernten

cosecha

Ernte

batatas

Yamswurzel

trigo

Weizen

soja

Soja

papa

Kartoffel

maíz

Mais

semilla de colza

Raps

árbol frutal

Obstbaum

mandioca

Maniok

cereales

Getreide

casa
Haus

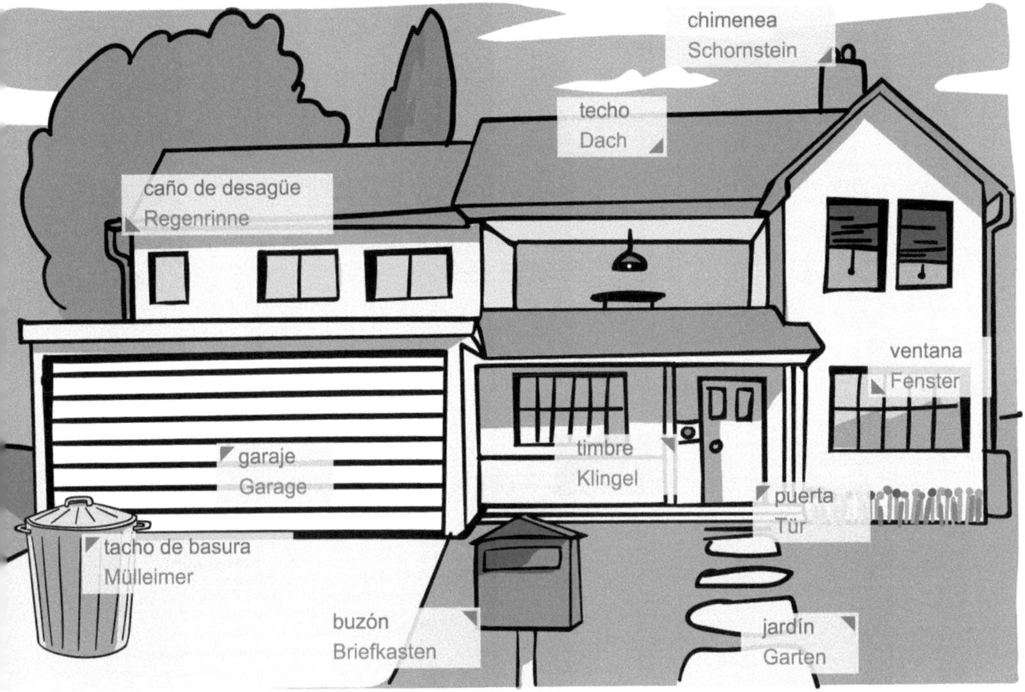

chimenea
Schornstein
techo
Dach
caño de desagüe
Regenrinne
ventana
Fenster
garaje
Garage
timbre
Klingel
puerta
Tür
tacho de basura
Mülleimer
buzón
Briefkasten
jardín
Garten

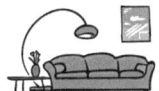

living
Wohnzimmer

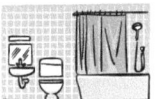

baño
Badezimmer

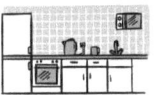

cocina
Küche

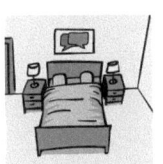

dormitorio
Schlafzimmer

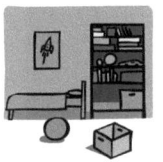

cuarto de los chicos
Kinderzimmer

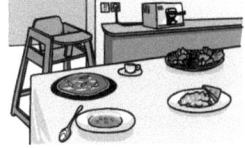

comedor
Esszimmer

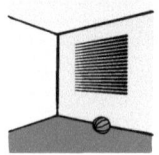

piso
....
Boden

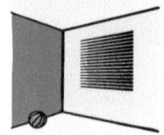

pared
....
Wand

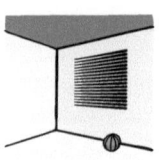

cielorraso
....
Decke

sótano
....
Keller

sauna
....
Sauna

balcón
....
Balkon

terraza
....
Terrasse

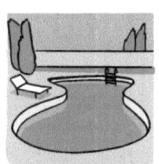

pileta
....
Schwimmbad

cortadora de pasto
....
Rasenmäher

sábana
....
Bettbezug

acolchado
....
Bettdecke

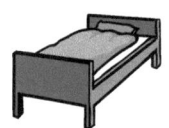

cama
....
Bett

escoba
....
Besen

balde
....
Eimer

interruptor
....
Schalter

living
Wohnzimmer

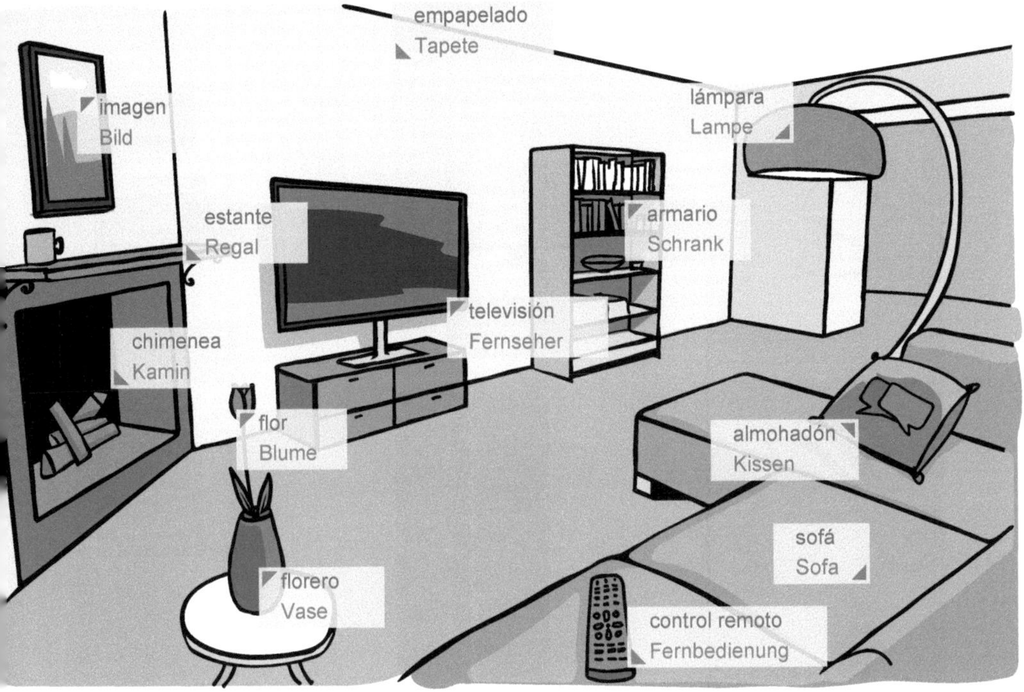
empapelado
Tapete
imagen
Bild
lámpara
Lampe
estante
Regal
armario
Schrank
televisión
Fernseher
chimenea
Kamin
flor
Blume
almohadón
Kissen
sofá
Sofa
florero
Vase
control remoto
Fernbedienung

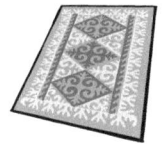

alfombra
Teppich

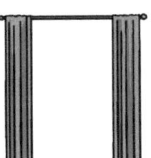

cortina
Vorhang

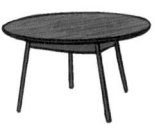

mesa
Tisch

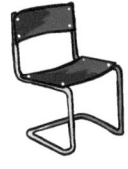

silla
Stuhl

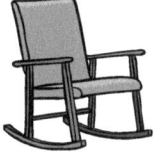

mecedora
Schaukelstuhl

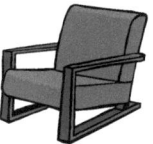

sillón
Sessel

libro

Buch

frazada

Decke

decoración

Dekoration

leña

Feuerholz

película

Film

equipo de música

Stereoanlage

llave

Schlüssel

diario

Zeitung

pintura

Gemälde

póster

Poster

radio

Radio

cuaderno

Notizblock

aspiradora

Staubsauger

cactus

Kaktus

vela

Kerze

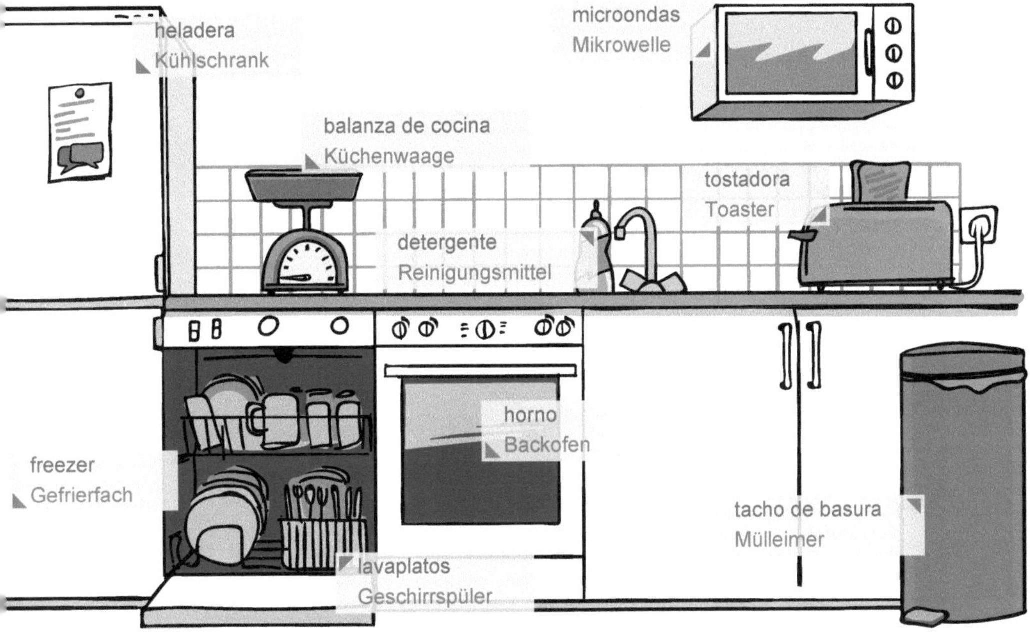

heladera
Kühlschrank

microondas
Mikrowelle

balanza de cocina
Küchenwaage

tostadora
Toaster

detergente
Reinigungsmittel

horno
Backofen

freezer
Gefrierfach

tacho de basura
Mülleimer

lavaplatos
Geschirrspüler

cocina	olla	olla de hierro fundido
Herd	Topf	Eisentopf
wok	sartén	pava
Wok / Kadai	Pfanne	Wasserkocher

vaporera

Dampfgarer

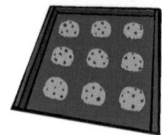

bandeja de horno

Backblech

vajilla

Geschirr

taza

Becher

bol

Schale

palitos

Essstäbchen

cucharón

Suppenkelle

estpátula

Pfannenwender

batidora

Schneebesen

colador

Kochsieb

colador

Sieb

rallador

Reibe

mortero

Mörser

parrilla

Grill

fogata

Feuerstelle

cocina - Küche

tabla de picar

Schneidebrett

palo de amasar

Nudelholz

sacacorchos

Korkenzieher

lata

Dose

abrelatas

Dosenöffner

manopla

Topflappen

pileta

Waschbecken

cepillo

Bürste

esponja

Schwamm

batidora

Mixer

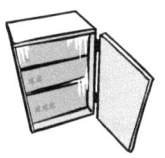

congelador

Gefriertruhe

mamadera

Babyflasche

canilla

Wasserhahn

baño
Badezimmer

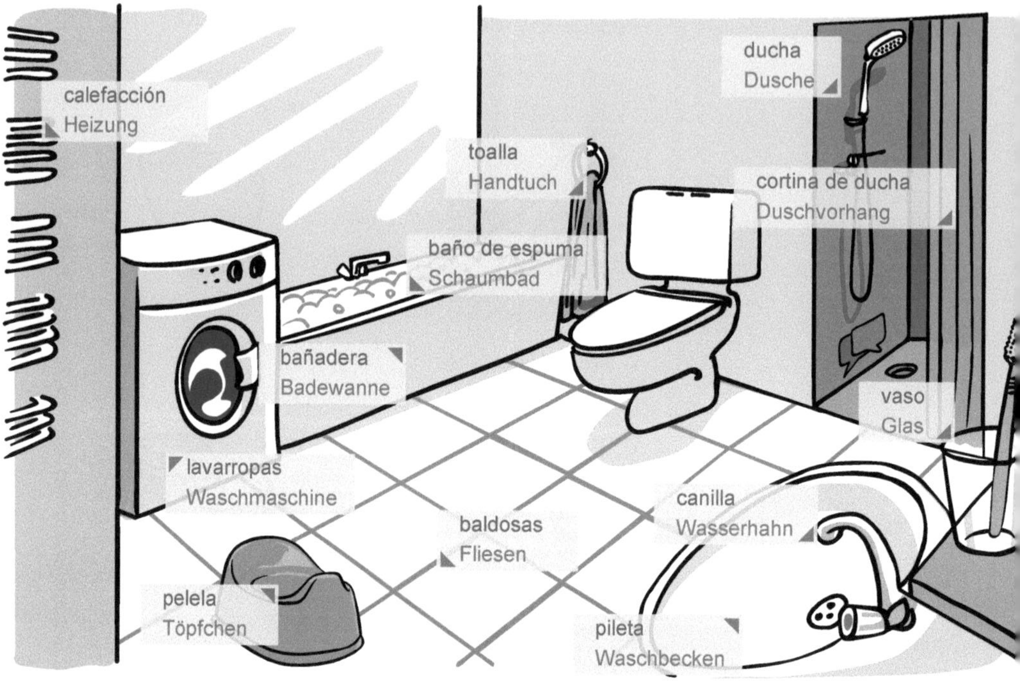
calefacción
Heizung
ducha
Dusche
toalla
Handtuch
cortina de ducha
Duschvorhang
baño de espuma
Schaumbad
bañadera
Badewanne
vaso
Glas
lavarropas
Waschmaschine
canilla
Wasserhahn
baldosas
Fliesen
pelela
Töpfchen
pileta
Waschbecken

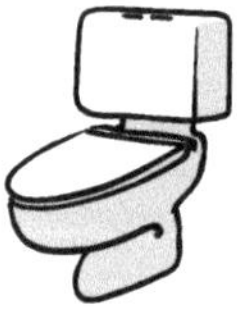

inodoro

Toilette

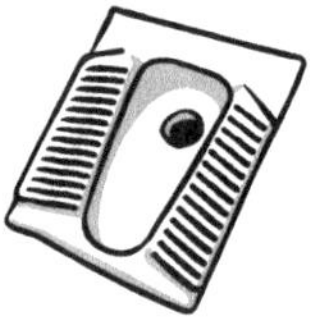

letrina

Hocktoilette

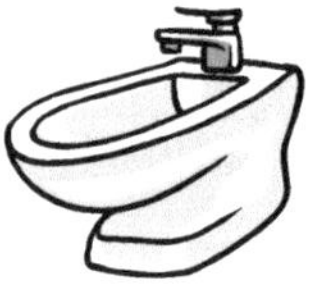

bidé

Bidet

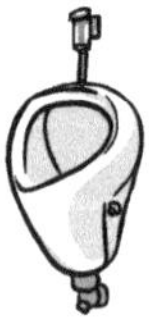

mingitorio

Pissoir

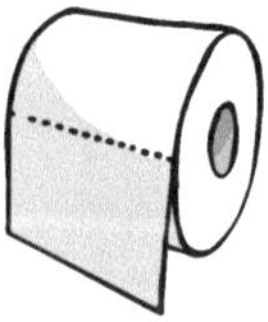

papel higiénico

Toilettenpapier

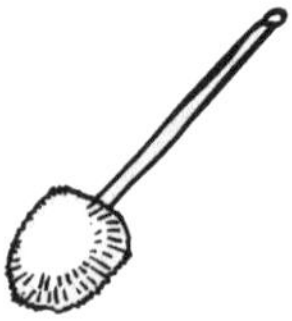

cepillo para el inodoro

Toilettenbürste

cepillo de dientes

Zahnbürste

dentífrico

Zahnpasta

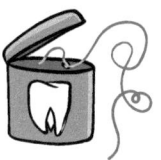

hilo dental

Zahnseide

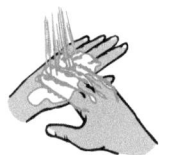

lavar

waschen

ducha de mano

Handbrause

ducha higiénica

Intimdusche

palangana

Waschschüssel

cepillo para espalda

Rückenbürste

jabón

Seife

gel de ducha

Duschgel

shampoo

Shampoo

toallita

Waschlappen

desagüe

Abfluss

crema

Creme

desodorante

Deodorant

espejo

Spiegel

espejito

Kosmetikspiegel

maquinita de afeitar

Rasierer

espuma de afeitar

Rasierschaum

aftershave

Rasierwasser

peine

Kamm

cepillo

Bürste

secador de pelo

Föhn

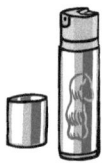

spray

Haarspray

maquillaje

Makeup

lápiz de labios

Lippenstift

esmalte para uñas

Nagellack

algodón

Watte

tijera para uñas

Nagelschere

perfume

Parfum

portacosméticos

Kulturbeutel

banqueta

Hocker

balanza

Waage

bata

Bademantel

guantes de goma

Gummihandschuhe

tampón

Tampon

toallita femenina

Damenbinde

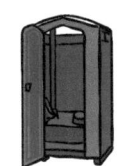

baño químico

Chemietoilette

cuarto de los chicos
Kinderzimmer

despertador
Wecker
peluche
Kuscheltier
coche de juguete
Spielzeugauto
sonajero
Rassel
casa de muñecas
Puppenhaus
regalo
Geschenk

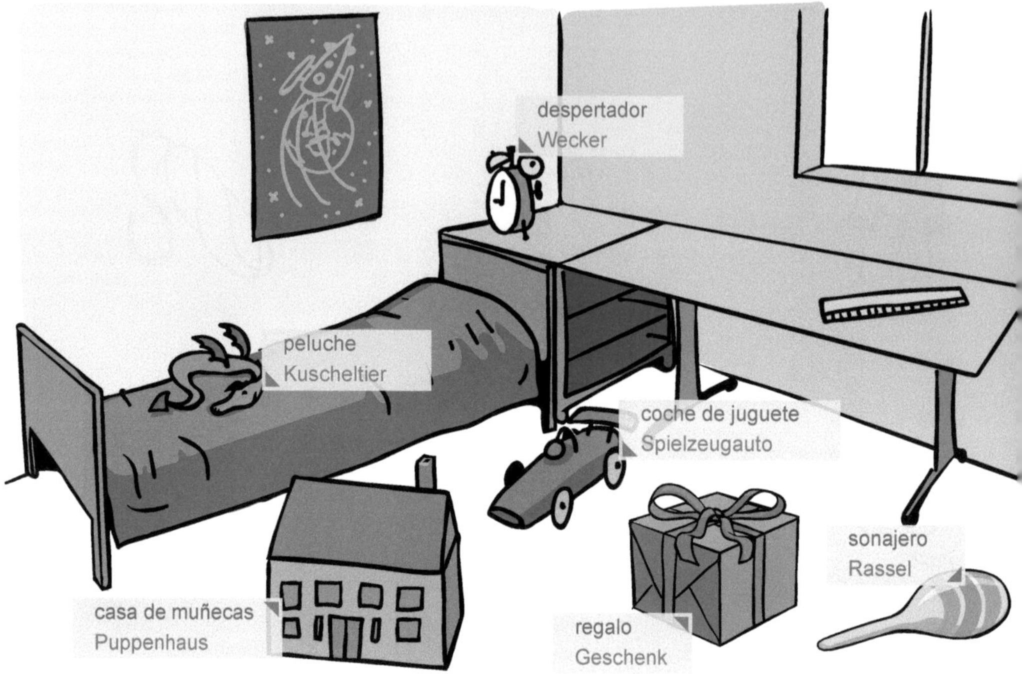

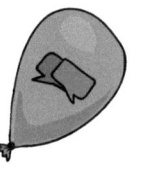

globo

Ballon

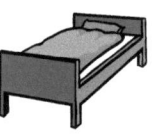

cama

Bett

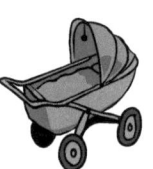

cochecito

Kinderwagen

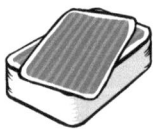

cartas

Kartenspiel

rompecabezas

Puzzle

SUPER
MEGA

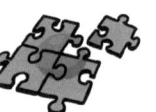

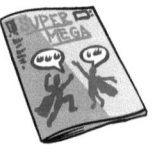

historieta

Comic

piezas de lego

Legosteine

ladrillos de juguete

Bausteine

figura de acción

Action Figur

enterito (de bebé)

Strampelanzug

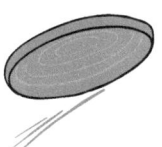

frisbee

Frisbee

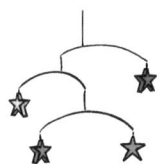

móvil para bebés

Mobile

juego de mesa

Brettspiel

dados

Würfel

tren eléctrico

Modelleisenbahn

chupete

Schnuller

fiesta

Party

libro de cuentos ilustrado

Bilderbuch

pelota

Ball

muñeca

Puppe

jugar

spielen

arenero

Sandkasten

hamaca

Schaukel

juguetes

Spielzeug

consola de videojuegos

Spielkonsole

triciclo

Dreirad

osito de peluche

Teddy

armario

Kleiderschrank

ropa
Kleidung

medias

Socken

medias panty

Strümpfe

calzas

Strumpfhose

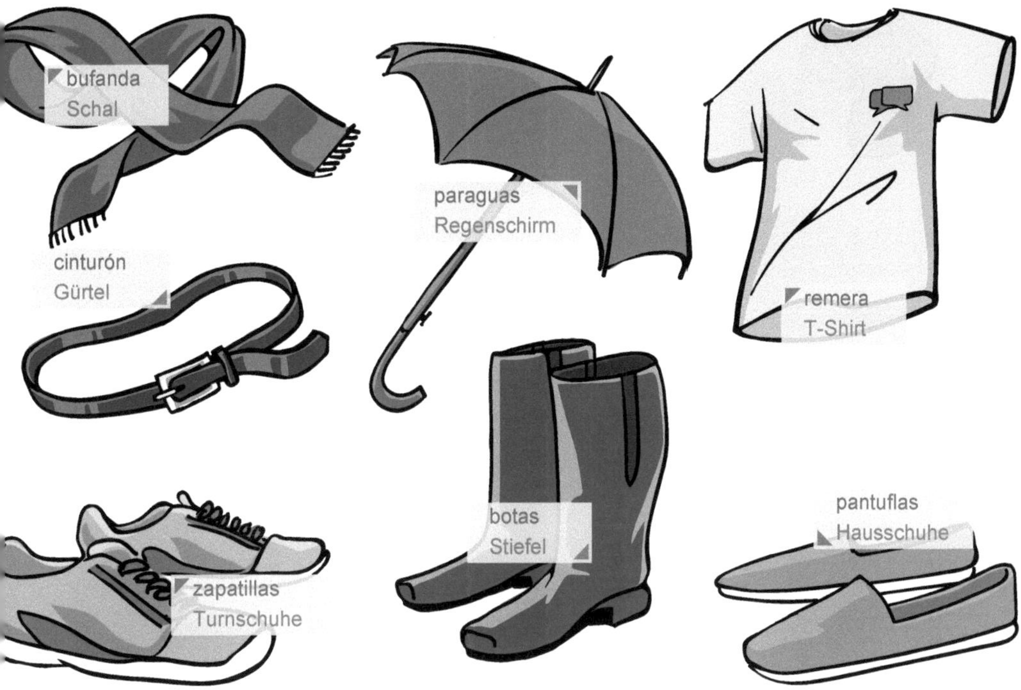

bufanda
Schal

cinturón
Gürtel

paraguas
Regenschirm

remera
T-Shirt

botas
Stiefel

zapatillas
Turnschuhe

pantuflas
Hausschuhe

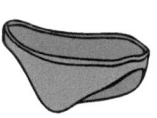

sandalias

Sandalen

zapatos

Schuhe

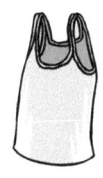

botas de goma

Gummistiefel

ropa interior

Unterhose

corpiño

Büstenhalter

chaleco

Unterhemd

body
Body

pantalones
Hose

jeans
Jeans

pollera
Rock

blusa
Bluse

camisa
Hemd

pulóver
Pullover

buzo
Kapuzenpullover

blazer
Blazer

campera
Jacke

tapado
Mantel

piloto
Regenmantel

traje
Kostüm

vestido
Kleid

vestido de novia
Hochzeitskleid

traje

Anzug

camisón

Nachthemd

pijama

Schlafanzug

sari

Sari

pañuelo para cabeza

Kopftuch

turbante

Turban

burka

Burka

caftán

Kaftan

abaya

Abaya

traje de baño

Badeanzug

short de baño

Badehose

shorts

Kurze Hose

jogging

Trainingsanzug

delantal

Schürze

guantes

Handschuhe

botón
Knopf

anteojos
Brille

pulsera
Armband

collar
Halskette

anillo
Ring

aro
Ohrring

gorra
Mütze

percha
Kleiderbügel

sombrero
Hut

corbata
Krawatte

cierre
Reißverschluss

casco
Helm

tiradores
Hosenträger

uniforme escolar
Schuluniform

uniforme
Uniform

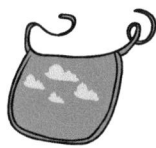

babero

Lätzchen

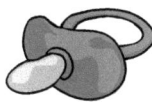

chupete

Schnuller

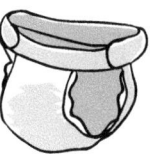

pañal

Windel

oficina

Büro

servidor
Server
archivero
Aktenschrank
impresora
Drucker
papel
Papier
monitor
Monitor
mouse
Maus
escritorio
Schreibtisch
carpeta
Ordner
teclado
Tastatur
silla
Stuhl
tacho (de basura)
Papierkorb
computadora
Computer

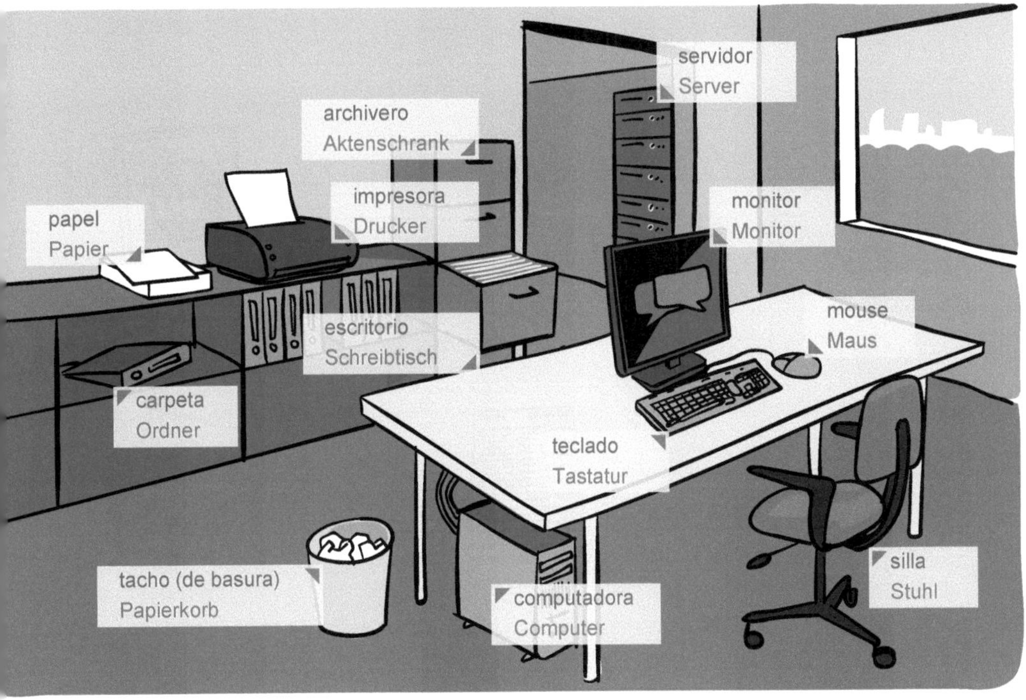

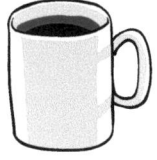

taza de café

Kaffeebecher

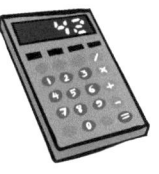

calculadora

Taschenrechner

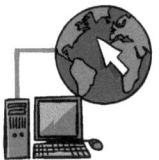

internet

Internet

laptop

Laptop

carta

Brief

mensaje

Nachricht

celular

Handy

red

Netzwerk

fotocopiadora

Kopierer

software

Software

teléfono

Telefon

tomacorriente

Steckdose

fax

Fax

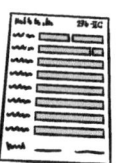

formulario

Formular

documento

Dokument

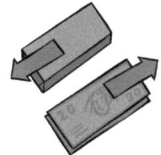

comprar

kaufen

pagar

bezahlen

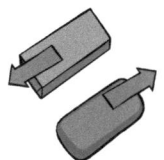

hacer negocios

handeln

dinero

Geld

dólar

Dollar

euro

Euro

yen

Yen

rublo

Rubel

franco suizo

Franken

yuan

Renminbi Yuan

rupia

Rupie

cajero automático

Geldautomat

casa de cambio

Wechselstube

oro

Gold

plata

Silber

petróleo

Öl

energía

Energie

precio

Preis

contrato

Vertrag

impuesto

Steuer

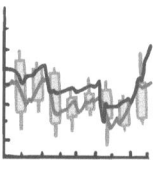

acción

Aktie

trabajar

arbeiten

empleado

Angestellter

empleador

Arbeitgeber

fábrica

Fabrik

negocio

Geschäft

economía - Wirtschaft

ocupaciones
Berufe

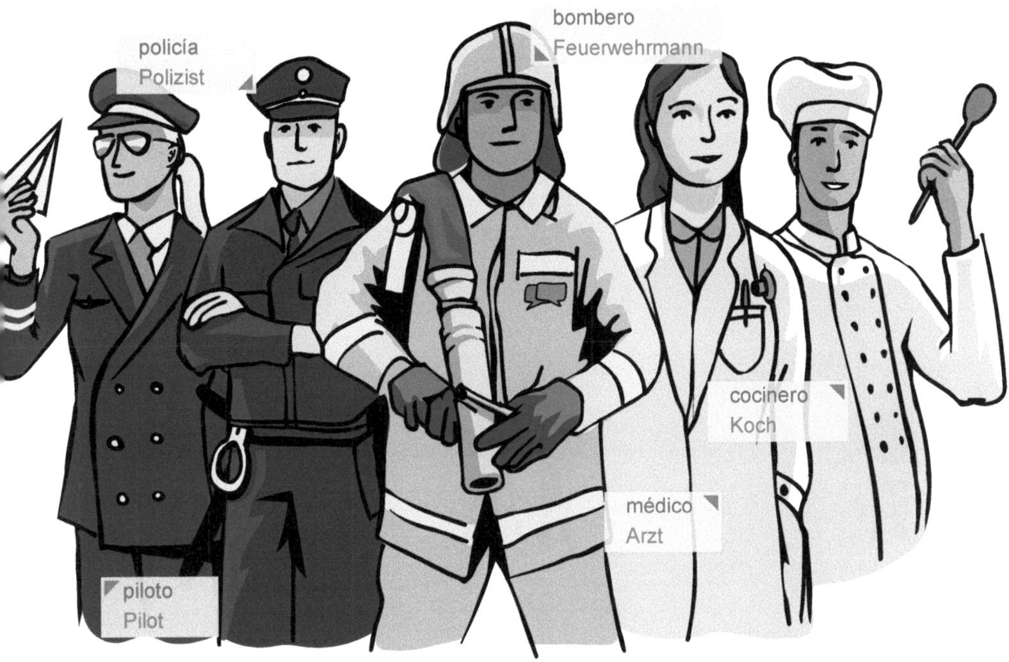

policía
Polizist
bombero
Feuerwehrmann
cocinero
Koch
médico
Arzt
piloto
Pilot

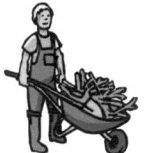

jardinero

Gärtner

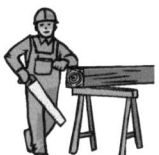

carpintero

Tischler

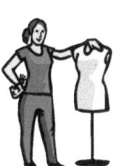

modista

Näherin

juez

Richter

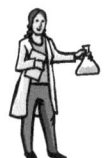

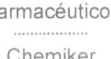

farmacéutico

Chemiker

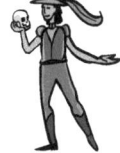

actor

Schauspieler

colectivero

Busfahrer

taxista

Taxifahrer

pescador

Fischer

mucama

Putzfrau

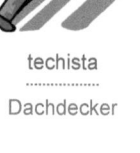

techista

Dachdecker

mozo

Kellner

cazador

Jäger

pintor

Maler

panadero

Bäcker

electricista

Elektriker

albañil

Bauarbeiter

ingeniero

Ingenieur

carnicero

Schlachter

plomero

Klempner

cartero

Postbote

soldado

Soldat

arquitecto

Architekt

cajero

Kassierer

florista

Florist

peluquero

Friseur

cobrador

Schaffner

mecánico

Mechaniker

capitán

Kapitän

dentista

Zahnarzt

científico

Wissenschaftler

rabino

Rabbi

imán

Imam

monje

Mönch

sacerdote

Geistlicher

herramientas
Werkzeuge

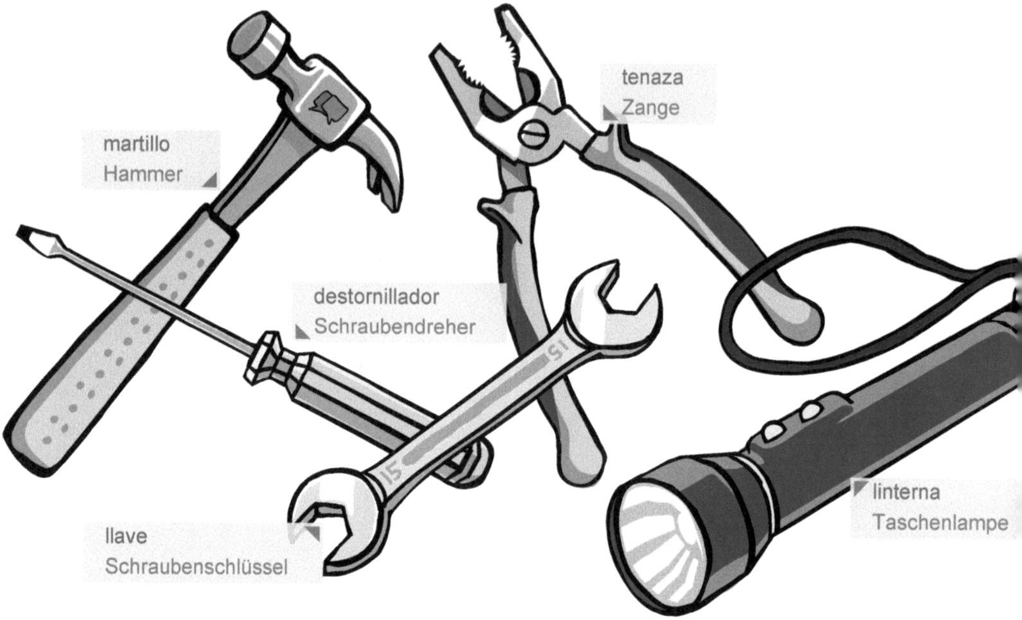
martillo
Hammer
tenaza
Zange
destornillador
Schraubendreher
llave
Schraubenschlüssel
linterna
Taschenlampe

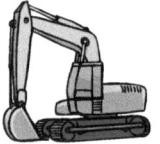

excavadora

Bagger

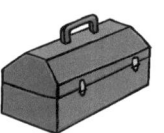

caja de herramientas

Werkzeugkasten

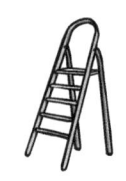

escalera portátil

Leiter

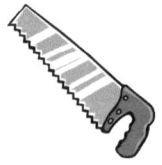

sierra

Säge

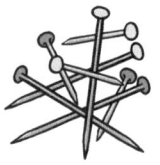

clavos

Nägel

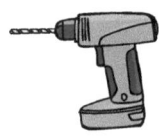

taladro

Bohrer

arreglar
reparieren

pala de jardín
Schaufel

¡Qué bronca!
Mist!

pala de plástico
Kehrblech

tacho de pintura
Farbtopf

tornillos
Schrauben

instrumentos musicales
Musikinstrumente

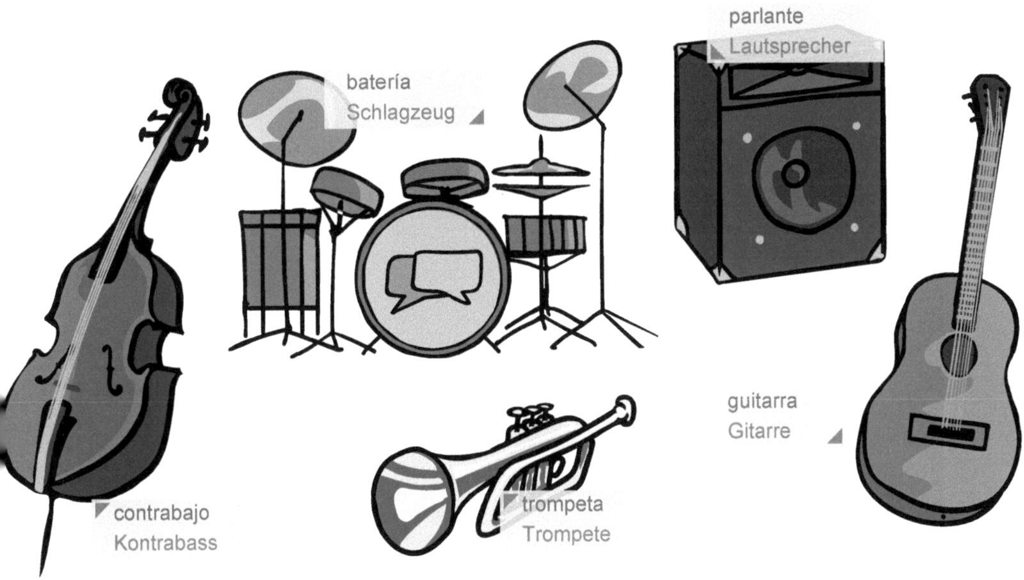

parlante
Lautsprecher

batería
Schlagzeug

guitarra
Gitarre

contrabajo
Kontrabass

trompeta
Trompete

piano
Klavier

violín
Violine

bajo
Bass

timbales
Pauke

tambor
Trommeln

teclado
Keyboard

saxofón
Saxophon

flauta
Flöte

micrófono
Mikrofon

entrada
Eingang

tigre
Tiger

jaula
Käfig

cebra
Zebra

alimento para animales
Tierfutter

oso panda
Panda

animales
Tiere

elefante
Elefant

canguro
Känguru

rinoceronte
Nashorn

gorila
Gorilla

oso
Bär

camello

Kamel

avestruz

Strauß

león

Löwe

mono

Affe

flamenco

Flamingo

loro

Papagei

oso polar

Eisbär

pingüino

Pinguin

tiburón

Hai

pavo real

Pfau

serpiente

Schlange

cocodrilo

Krokodil

cuidador del zoológico

Zoowärter

foca

Robbe

jaguar

Jaguar

poni

Pony

leopardo

Leopard

hipopótamo

Nilpferd

jirafa

Giraffe

águila

Adler

jabalí

Wildschwein

pescado

Fisch

tortuga

Schildkröte

morsa

Walross

zorro

Fuchs

gacela

Gazelle

fútbol americano
American Football

ciclismo
Radfahren

tenis
Tennis

básquet
Basketball

natación
Schwimmen

boxeo
Boxen

hockey sobre hielo
Eishockey

fútbol
Fußball

bádminton
Badminton

atletismo
Leichtathletik

handball
Handball

esquí
Skilaufen

polo
Polo

actividades
Aktivitäten

reír
lachen
saltar
springen
abrazar
umarmen
caminar
gehen
cantar
singen
soñar
träumen
rezar
beten
besar
küssen

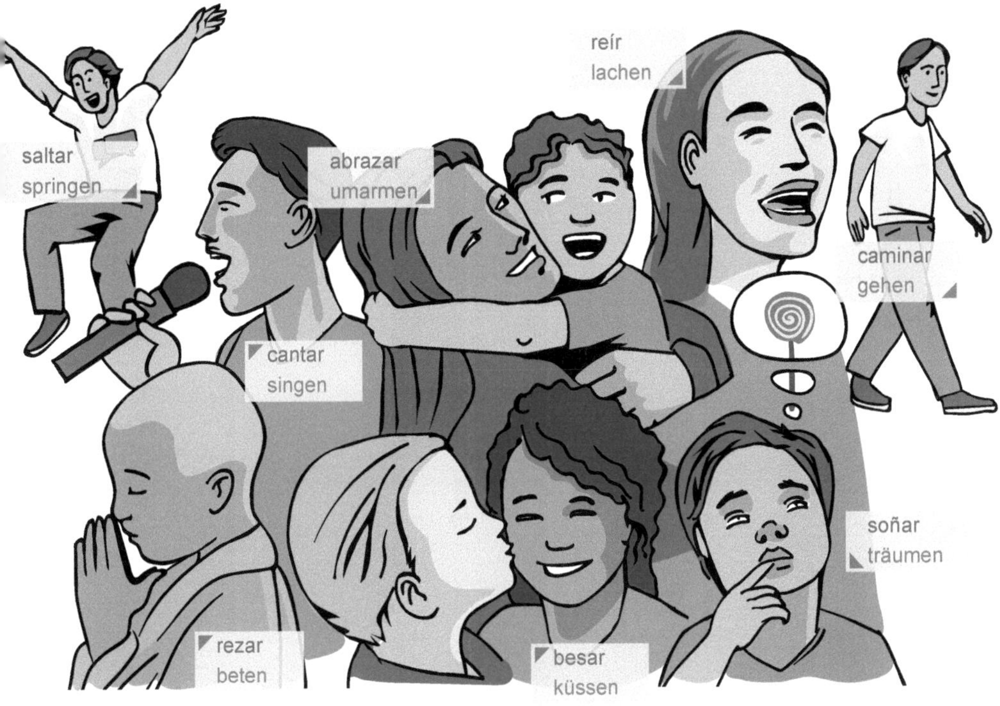

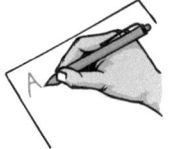

escribir

schreiben

dibujar

zeichnen

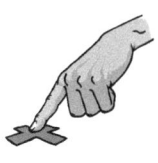

mostrar

zeigen

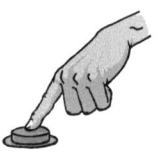

presionar

drücken

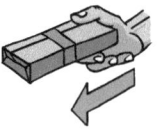

dar

geben

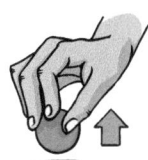

tomar

nehmen

tener
haben

hacer
tun

ser
sein

estar parado
stehen

correr
laufen

tirar
ziehen

tirar
werfen

caer
fallen

estar acostado
liegen

esperar
warten

llevar
tragen

estar sentado
sitzen

vestirse
anziehen

dormir
schlafen

despertar
aufwachen

mirar
....
ansehen

llorar
....
weinen

acariciar
....
streicheln

peinar
....
kämmen

hablar
....
reden

entender
....
verstehen

preguntar
....
fragen

escuchar
....
hören

beber
....
trinken

comer
....
essen

ordenar
....
aufräumen

amar
....
lieben

cocinar
....
kochen

manejar
....
fahren

volar
....
fliegen

navegar

segeln

calcular

rechnen

leer

lesen

aprender

lernen

trabajar

arbeiten

casarse

heiraten

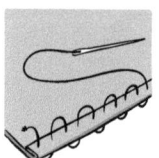

coser

nähen

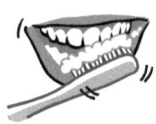

cepillarse los dientes

Zähne putzen

matar

töten

fumar

rauchen

enviar

senden

familia
Familie

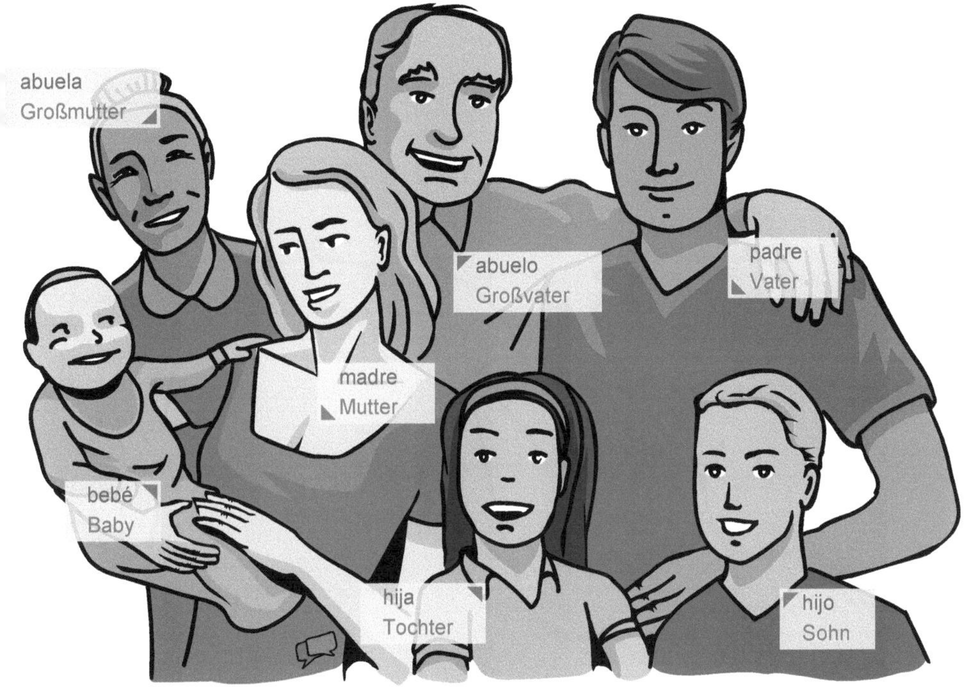
abuela
Großmutter
abuelo
Großvater
padre
Vater
madre
Mutter
bebé
Baby
hija
Tochter
hijo
Sohn

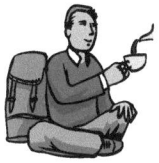

invitado
Gast

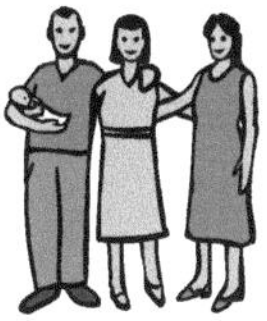

tía
Tante

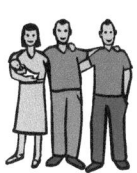

tío
Onkel

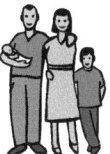

hermano
Bruder

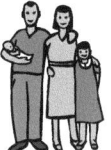

hermana
Schwester

cuerpo
Körper

frente
Stirn
ojo
Auge
hombro
Schulter
dedo
Finger
cara
Gesicht
pera
Kinn
mano
Hand
pecho
Brust
pierna
Bein
brazo
Arm

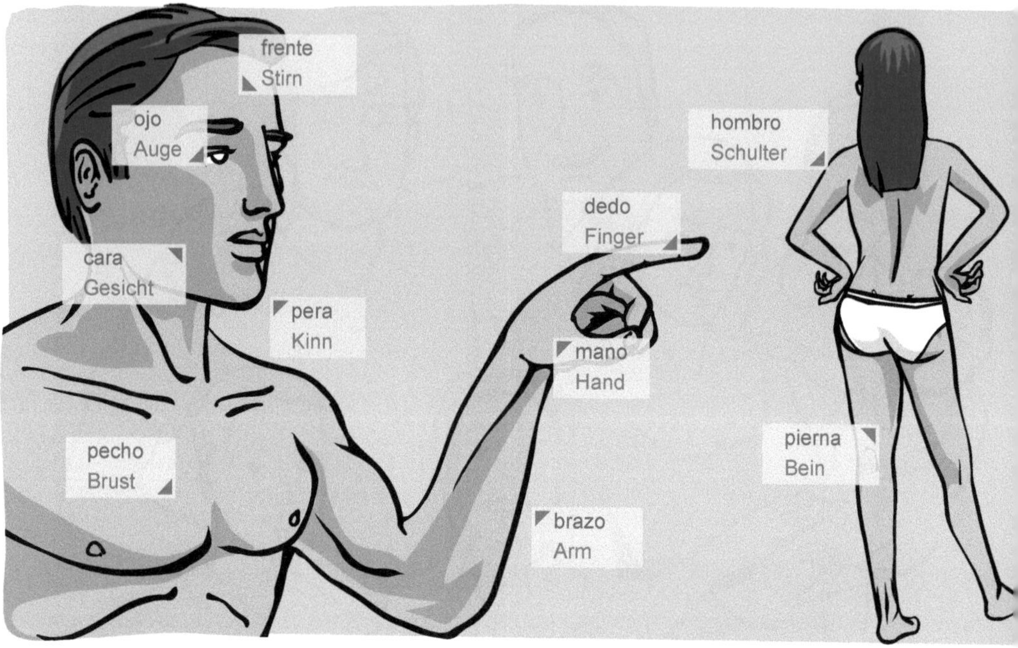

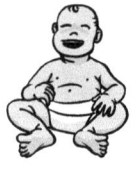

bebé

Baby

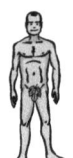

hombre

Mann

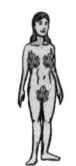

mujer

Frau

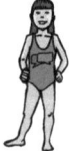

nena

Mädchen

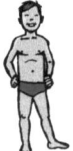

nene

Junge

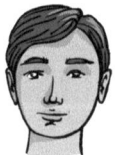

cabeza

Kopf

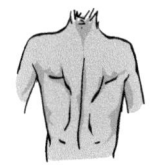

espalda

Rücken

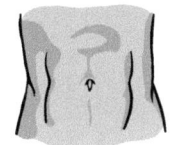

panza

Bauch

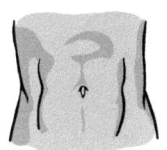

ombligo

Nabel

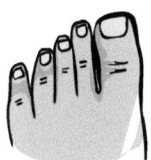

dedo del pie

Zeh

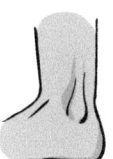

talón

Ferse

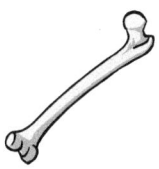

hueso

Knochen

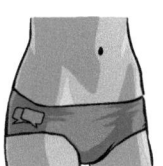

cadera

Hüfte

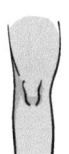

rodilla

Knie

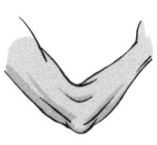

codo

Ellenbogen

nariz

Nase

cola

Gesäß

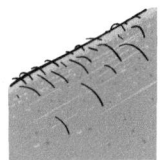

piel

Haut

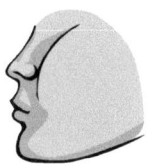

cachete

Wange

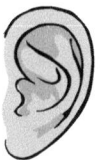

oreja

Ohr

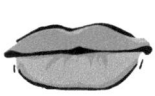

labio

Lippe

boca
Mund

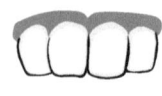

diente
Zahn

lengua
Zunge

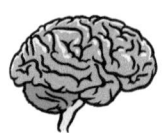

cerebro
Gehirn

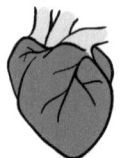

corazón
Herz

músculo
Muskel

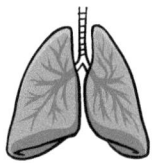

pulmón
Lunge

hígado
Leber

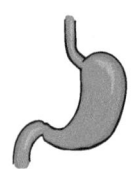

estómago
Magen

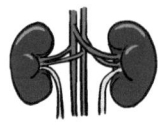

riñones
Nieren

sexo
Geschlechtsverkehr

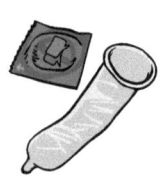

preservativo
Kondom

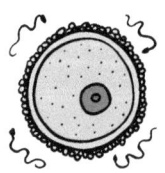

óvulo
Eizelle

semen
Sperma

embarazo
Schwangerschaft

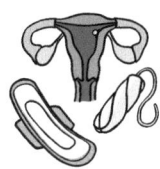

menstruación

Menstruation

vagina

Vagina

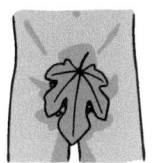

pene

Penis

ceja

Augenbraue

pelo

Haar

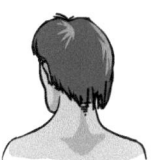

cuello

Hals

hospital
Krankenhaus

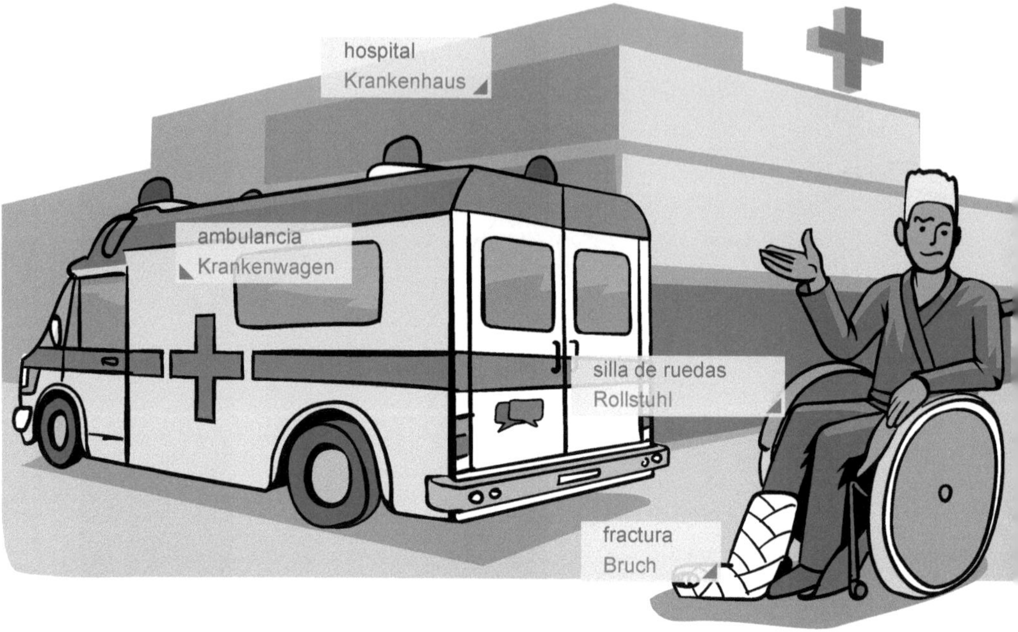

hospital
Krankenhaus
ambulancia
Krankenwagen
silla de ruedas
Rollstuhl
fractura
Bruch

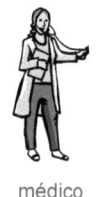

médico
Arzt

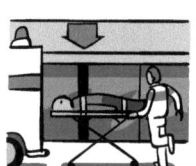

sala de guardia
Notaufnahme

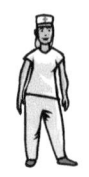

enfermera
Krankenschwester

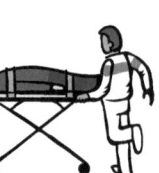

emergencia
Notfall

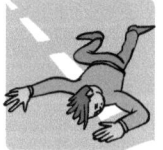

inconsciente
ohnmächtig

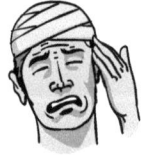

dolor
Schmerz

lesión

Verletzung

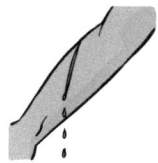

hemorragia

Blutung

infarto

Herzinfarkt

ACV

Schlaganfall

alergia

Allergie

tos

Husten

fiebre

Fieber

gripe

Grippe

diarrea

Durchfall

dolor de cabeza

Kopfschmerzen

cáncer

Krebs

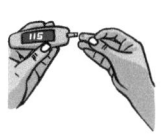

diabetes

Diabetis

cirujano

Chirurg

bisturí

Skalpell

operación

Operation

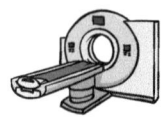

TC
....
CT

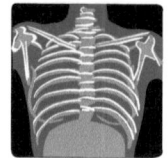

rayos x
....
Röntgen

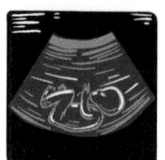

ecografía
....
Ultraschall

barbijo
....
Maske

enfermedad
....
Krankheit

sala de espera
....
Wartezimmer

muleta
....
Krücke

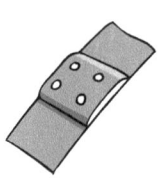

curita
....
Pflaster

venda
....
Verband

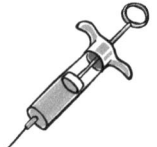

inyección
....
Injektion

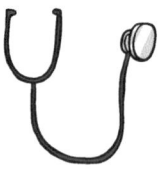

estetoscopio
....
Stethoskop

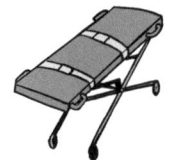

camilla
....
Trage

termómetro
....
Thermometer

nacimiento
....
Geburt

sobrepeso
....
Übergewicht

hospital - Krankenhaus

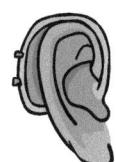

audífono

Hörgerät

desinfectante

Desinfektionsmittel

infección

Infektion

virus

Virus

VIH / SIDA

HIV / AIDS

remedio

Medizin

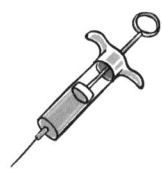

vacunación

Impfung

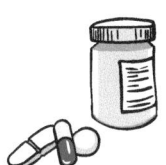

comprimidos

Tabletten

pastilla anticonceptiva

Pille

llamada de emergencia

Notruf

tensiómetro

Blutdruck-Messgerät

enfermo / sano

krank / gesund

alarma

Alarm

agresión

Überfall

¡Ayuda!

Hilfe!

peligro

Gefahr

salida de emergencia

Notausgang

ataque

Angriff

matafuego

Feuerlöscher

accidente

Unfall

¡Fuego!

Feuer!

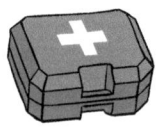

botiquín de primeros
auxilios

Erste-Hilfe-Koffer

SOS

SOS

policía

Polizei

Europa

Europa

América del Norte

Nordamerika

América del Sur

Südamerika

África

Afrika

Asia

Asien

Australia

Australien

Atlántico

Atlantik

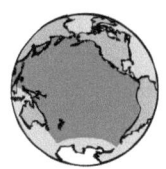

Pacífico

Pazifik

Océano Índico

Indischer Ozean

Océano Antártico

Antarktischer Ozean

Océano Ártico

Arktischer Ozean

polo norte

Nordpol

polo sur

Südpol

Antártida

Antarktis

Tierra

Erde

tierra

Land

mar

Meer

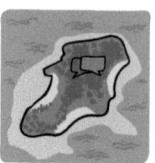

isla

Insel

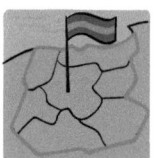

nación

Nation

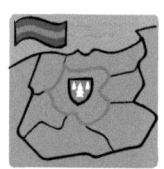

estado

Staat

esfera

Zifferblatt

manecilla de las horas

Stundenzeiger

minutero

Minutenzeiger

segundero

Sekundenzeiger

¿Qué hora es?

Wie spät ist es?

día

Tag

hora

Zeit

ahora

jetzt

reloj digital

Digitaluhr

minuto

Minute

hora

Stunde

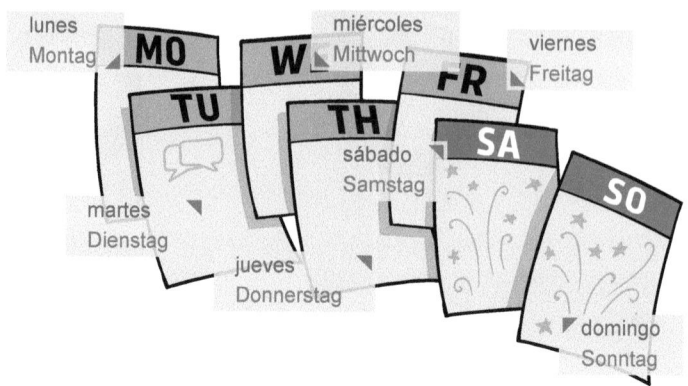

lunes
Montag
miércoles
Mittwoch
viernes
Freitag
sábado
Samstag
martes
Dienstag
jueves
Donnerstag
domingo
Sonntag

ayer
gestern

hoy
heute

mañana
morgen

mañana
Morgen

mediodía
Mittag

tarde
Abend

días hábiles
Arbeitstage

fin de semana
Wochenende

año

Jahr

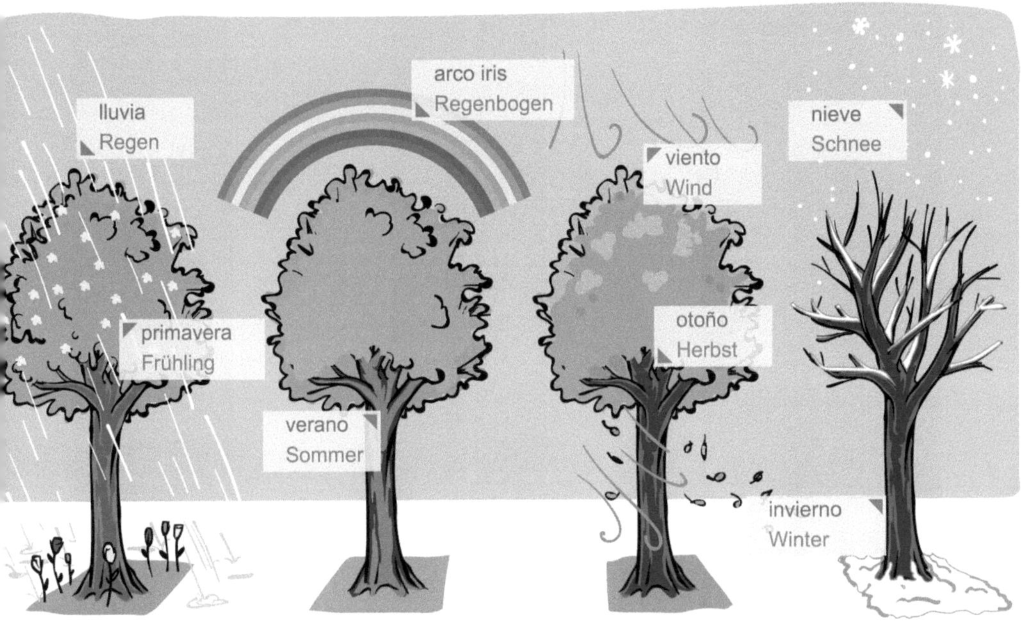
lluvia
Regen
arco iris
Regenbogen
viento
Wind
nieve
Schnee
primavera
Frühling
otoño
Herbst
verano
Sommer
invierno
Winter

4.APRIL 11°
5.APRIL 4°
6.APRIL 13°
7.APRIL 8°
8.APRIL 10°

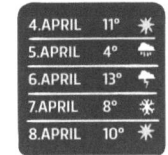

pronóstico meteorológico

Wettervorhersage

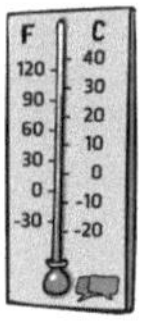
F
C
120
90
60
30
0
-30
40
30
20
10
0
-10
-20

termómetro

Thermometer

luz del sol

Sonnenschein

nube

Wolke

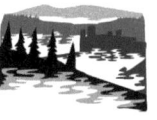

niebla

Nebel

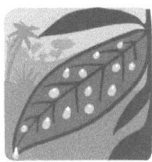

humedad

Luftfeuchtigkeit

rayo

Blitz

trueno

Donner

tormenta

Sturm

granizo

Hagel

monzón

Monsun

inundación

Flut

hielo

Eis

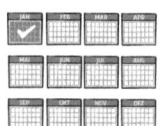

enero

Januar

febrero

Februar

marzo

März

abril

April

mayo

Mai

junio

Juni

julio

Juli

agosto

August

año - Jahr

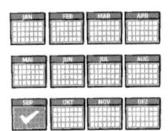

septiembre

September

octubre

Oktober

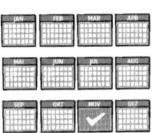

noviembre

November

diciembre

Dezember

formas
Formen

círculo

Kreis

cuadrado

Quadrat

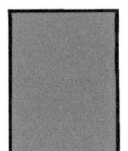

rectángulo

Rechteck

triángulo

Dreieck

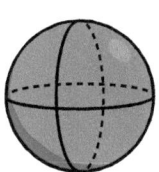

esfera

Kugel

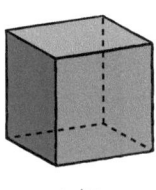

cubo

Würfel

blanco

weiß

amarillo

gelb

naranja

orange

rosa

pink

rojo

rot

violeta

lila

azul

blau

verde

grün

marrón

braun

gris

grau

negro

schwarz

mucho / poco

viel / wenig

enojado / tranquilo

wütend / friedlich

lindo / feo

hübsch / hässlich

principio / fin

Anfang / Ende

grande / chico

groß / klein

claro / oscuro

hell / dunkel

hermano / hermana

Bruder / Schwester

limpio / sucio

sauber / schmutzig

completo / incompleto

vollständig / unvollständig

día / noche

Tag / Nacht

muerto / vivo

tot / lebendig

ancho / angosto

breit / schmal

comestible / no comestible

genießbar / ungenießbar

malo / amable

böse / freundlich

entusiasmado / aburrido

aufgeregt / gelangweilt

gordo / flaco

dick / dünn

primero / último

zuerst / zuletzt

amigo / enemigo

Freund / Feind

lleno / vacío

voll / leer

duro / blando

hart / weich

pesado / liviano

schwer / leicht

hambre / sed

Hunger / Durst

enfermo / sano

krank / gesund

ilegal / legal

illegal / legal

inteligente / estúpido

intelligent / dumm

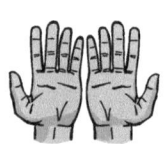

izquierda / derecha

links / rechts

cerca / lejos

nah / fern

nuevo / usado

neu / gebraucht

nada / algo

nichts / etwas

viejo / joven

alt / jung

encendido / apagado

an / aus

abierto / cerrado

offen / geschlossen

silencioso / ruidoso

leise / laut

rico / pobre

reich / arm

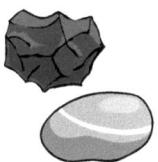

correcto / incorrecto

richtig / falsch

áspero / suave

rau / glatt

triste / contento

traurig / glücklich

corto / largo

kurz / lang

lento / rápido

langsam / schnell

mojado / seco

nass / trocken

caliente / frío

warm / kühl

guerra / paz

Krieg / Frieden

0

cero

null

1

uno

eins

2

dos

zwei

3

tres

drei

4

cuatro

vier

5

cinco

fünf

6

seis

sechs

7

siete

sieben

8

ocho

acht

9

nueve

neun

10

diez

zehn

11

once

elf

12

doce
....
zwölf

13

trece
....
dreizehn

14

catorce
....
vierzehn

15

quince
....
fünfzehn

16

dieciséis
....
sechzehn

17

diecisiete
....
siebzehn

18

dieciocho
....
achtzehn

19

diecinueve
....
neunzehn

20

veinte
....
zwanzig

100

cien
....
hundert

1.000

mil
....
tausend

1.000.000

millón
....
million

idiomas
Sprachen

inglés

Englisch

inglés americano

Amerikanisches Englisch

chino mandarín

Chinesisch Mandarin

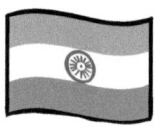

hindi

Hindi

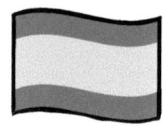

español

Spanisch

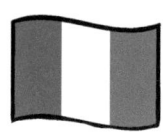

francés

Französisch

árabe

Arabisch

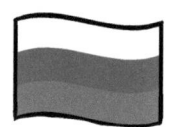

ruso

Russisch

portugués

Portugiesisch

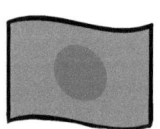

bengalí

Bengalisch

alemán

Deutsch

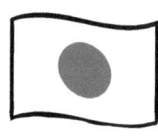

japonés

Japanisch

yo

ich

vos

du

él / ella

er / sie / es

nosotros

wir

ustedes

ihr

ellos

sie

¿quién?

wer?

¿qué?

was?

¿cómo?

wie?

¿dónde?

wo?

¿cuándo?

wann?

nombre

Name

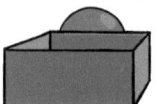

detrás

hinter

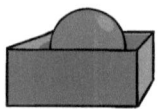

en

in

adelante de

vor

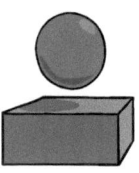

por encima de

über

sobre

auf

debajo de

unter

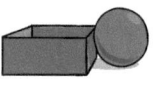

al lado de

neben

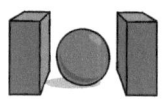

entre

zwischen

lugar

Ort